MACH DICH STARK
für eine
BESSERE WELT

Text
Keilly Swift

Illustrationen
Rhys Jefferys

Kann ich die Welt verändern?

Sicher, die Welt ist sehr groß und es passiert vieles, das wir nicht kontrollieren können. Doch jeder kann bei sich und mit kleinen Veränderungen anfangen, auch du. Vielleicht beeinflusst du mit deinen ersten Schritten eines Tages viele Menschen. Für den Anfang zählt nur eines: Egal, wer du bist oder wo du wohnst, du kannst immer etwas bewirken.

Die Erde

Wir alle wissen, dass die Erde unsere Hilfe braucht, ob beim Tierschutz oder gegen Umweltverschmutzung. Wie du die Erde schützen kannst, erfährst du in **Kapitel 4: Umweltschutz**

Aktivisten verbreiten ihre Botschaften in Broschüren und auf Plakaten.

Menschlichkeit

Sich für mehr Gerechtigkeit für alle einzusetzen, gehört zu den tollsten Dingen, die man tun kann. Erfahre, wie du selbst aktiv werden kannst, in **Kapitel 3: Gemeinsam etwas bewegen**

Bei Demonstrationen können viele Leute gemeinsam protestieren.

Die Gesellschaft

Alle Menschen auf der Welt bilden gemeinsam unsere Gesellschaft. Durch unser Verhalten prägen wir diese Gesellschaft. Wir alle tragen die Verantwortung für ein freundliches, rücksichtsvolles und hilfsbereites Miteinander.

2

Tierschutz
Tiere sind durch den Verlust ihres Lebensraums und den Klimawandel bedroht. Tierschutz bedeutet, das Überleben von Tieren zu sichern.

Aktivist sein, heißt seine Stimme zu erheben.

Du selbst
Damit du anderen helfen kannst, musst du oft erst dir selbst helfen. Versuche doch mal die Tipps zur Stärkung von Körper und Geist in **Kapitel 1: Fang bei dir selbst an**

Der Weg zu einer besseren Welt beginnt zu Hause bei deiner Familie.

Lehrer können dir bei Projekten an deiner Schule helfen.

Gemeinschaft
Jeder braucht das Gefühl, irgendwo dazu zu gehören. Mach deine Schule, deine Nachbarschaft oder deine Heimatstadt zu einem besseren Ort. Wie? Das erfährst du in **Kapitel 2: In der Gemeinschaft**

Inhalt

Kapitel 1
Fang bei dir selbst an

Kapitel 2
In der Gemein- schaft

Penguin Random House

Text Keilly Swift
Illustrationen Rhys Jefferys
Fachliche Beratung Jenny Lane-Smith

Lektorat Satu Hämeenaho-Fox, Katie Lawrence, Laura Gilbert, Jonathan Melmoth, Sarah Larter
Gestaltung und Bildredaktion Fiona Macdonald, Emma Hobson, Sumedha Chopra, Diane Peyton-Jones, Neeraj Bhatia, Helen Senior
Herstellung Sophie Chatellier, John Casey

Für die deutsche Ausgabe:
Programmleitung Monika Schlitzer
Redaktionsleitung Martina Glöde
Projektbetreuung Janna Heimberg
Herstellungsleitung Dorothee Whittaker
Herstellungskoordination Claudia Rode
Herstellung und Covergestaltung Verena Marquart

Titel der englischen Originalausgabe:
How to make a better world

© Dorling Kindersley Limited, London, 2020
Ein Unternehmen der Penguin Random House Group
Alle Rechte vorbehalten
Text © by Keilly Swift 2020

© der deutschsprachigen Ausgabe by
Dorling Kindersley Verlag GmbH, München, 2020
Alle deutschsprachigen Rechte vorbehalten

Kapitel 3
Gemeinsam etwas bewegen

Kapitel 4
Umwelt-schutz

Jegliche – auch auszugsweise – Verwertung, Wiedergabe, Vervielfältigung oder Speicherung, ob elektronisch, mechanisch, durch Fotokopie oder Aufzeichnung, bedarf der vorherigen schriftlichen Genehmigung durch den Verlag.

Übersetzung Karin Hofmann
Lektorat Dr. Claudia Wagner

ISBN 978-3-8310-4092-6

Druck und Bindung TBB, a.s., Slowakei

MIX
Aus verantwortungs-vollen Quellen
FSC® C022120

www.dk-verlag.de

Kinder und junge Menschen interessieren sich stärker als je zuvor dafür, was in der Welt passiert, und engagierte junge Aktivisten zeigen uns den Weg in eine bessere Zukunft. In diesem Buch erfährst du, wie du selbst mithelfen kannst, die Veränderungen zu bewirken, die du in der Welt sehen möchtest.

Keilly Swift

Keilly Swift

Fang bei dir selbst an

Es ist wichtig, dass du dich wohlfühlst, dass du an dich glaubst
und gut auf deinen Körper und
deinen Geist achtest. Eine posi-
tive Veränderung in der Welt zu
bewirken beginnt damit, sich
um sich selbst und um andere
zu kümmern. In diesem Kapitel
erfährst du, wie du in dir selbst
die Kraft findest, die Welt zu
verbessern.

Welt- frieden

Ich möchte in einer friedlichen Welt leben, in der es keinen Krieg und keine Gewalt gibt.

Gleichheit für alle

Ich wünsche mir, dass alle Menschen gleich behandelt werden, egal welcher Herkunft und Religion, welchen Geschlechts oder Alters.

Tier- schutz

Ich möchte, dass die Tiere geschützt werden und keine Arten mehr aussterben.

Teile deinen Wunsch für die Zukunft …

Wünsch
dir was

Wenn du einen Wunsch für die Welt frei hättest, was würdest du dir wünschen? Leider können wir nicht zaubern, aber wir können daran arbeiten, die Welt zu verbessern. Folge deiner Fantasie …

Rede-freiheit

Ich wünsche mir eine Welt, in der alle offen ihre Meinung sagen dürfen.

Saubere Meere

Ich hoffe, die Meere sind irgendwann frei von Plastikmüll, damit die Meerestiere dort wieder frei und gesund leben können.

Umweltschutz

Ich möchte gern in einer Welt leben, in der sich jeder darum kümmert, dass unsere schönen Wiesen, Wälder, Straßen, Flüsse und Strände sauber bleiben.

Mehr Mitgefühl

Ich möchte, dass sich jeder um seine Mitmenschen kümmert, sodass sich niemand einsam oder ausgeschlossen fühlt.

Besseres Leben für Kinder

Ich wünsche mir eine schöne Zukunft voller aufregender Möglichkeiten für alle jungen Menschen.

Ernähre dich gesund!

Tu deinem Körper einen Gefallen und versuche, jeden Tag sieben Portionen unterschiedlicher Früchte und Gemüse zu essen. Keine Sorge, wenn es mal nicht klappt – das ist normal! Was zählt ist eine regelmäßige gesunde Ernährung.

Früchte oder ein Smoothie sind ein toller Nachtisch.

Beeren sind lecker.

Trainiere deine Sinne

Versuche doch mal genau darauf zu achten, was du gerade siehst, hörst, riechst und schmeckst. Das beruhigt und entspannt.

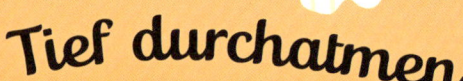

Tief durchatmen.

Lass alle Muskeln von Kopf bis Fuß ganz entspannt.

Für dich

Damit du anderen helfen kannst, musst du zunächst gut auf dich selbst achten. Probiere einfach aus, was deinem Körper und Geist gut tut.

Laufe oder fahre mit dem Rad zur Schule.

Fahrradfahren ist gut für die Umwelt und macht fit.

Sei aktiv

Sport stärkt deinen Körper und gibt dir Energie. Der Trick ist, herauszufinden, was dir Spaß macht. Das kann Fußball sein, Schwimmen oder auch Wandern mit deiner Familie.

Höre beruhigende Musik.

Schlafe genug

Genug zu schlafen, ist sehr wichtig für die Gesundheit. Kinder brauchen jede Nacht etwa zehn Stunden Schlaf. Eine regelmäßige Schlafenszeit und Ruhe am Abend können dafür sorgen, dass du gut Zzzzzz.

In der letzten Stunde vor dem Schlafengehen solltest du deine Bildschirmzeit beenden.

Streichle ein Tier.

Nett sein

Auch die kleinste gute Tat kann eine große Wirkung haben. Freundlichkeit macht gute Laune und lässt auch andere freundlicher werden.

Glas voll Ideen

Fülle mit deiner Familie oder Schulklasse ein Glas mit Ideen für gute Taten. Immer wenn du etwas Gutes tun möchtest, nimmst du einen Zettel heraus.

Jemandem sagen, was du an ihm magst.

Andere mit einem lustigen Reim aufheitern.

Jemandem etwas selbst Gemachtes schenken.

Die Freude an Einladungen

Pass auf, dass niemand aus der Gemeinschaft ausgeschlossen wird, besonders wenn jemand neu in deiner Klasse oder Gegend ist. Mit deiner Einladung machst du jedem eine Freude und wirst im Gegenzug selbst viele Einladungen bekommen.

Sei immer hilfsbereit

Nutze jede Gelegenheit für eine gute Tat! Halte die Augen offen: Du kannst jemanden die Tür aufhalten, älteren Menschen beim Einkaufen helfen oder einen fallengelassenen Gegenstand aufheben.

jemandem, der traurig ist, eine Umarmung anbieten.

jemandem etwas abnehmen, das er nicht gern tut.

mit Verwandten oder Freunden reden.

jemandem einen Geburtstagskuchen backen.

Gib das Gute weiter

Wenn du Leuten hilfst, fragen sie dich vielleicht, was sie dir dafür Gutes tun können. Bitte sie doch einfach, jemand anderem behilflich zu sein! So kann eine gute Tat zur nächsten führen.

jemanden fragen, wie es ihm geht.

15

Das Auf und Ab des Lebens

Glücklich
Glück kann von Zufriedenheit bis Freude reichen. Was macht dich glücklich?

Aufgeregt
Wenn du dich auf etwas Schönes freust, dann bist du vielleicht zappelig und bekommst Herzklopfen.

Überrascht
Passiert etwas Unerwartetes (egal, ob gut oder schlecht), spannen sich deine Muskeln an, damit du reagieren kannst.

Wütend
Wut kann dich schwitzen und zittern lassen. Vielleicht willst du auch schreien oder weinen.

Gefühle sind wie eine Achterbahn ... Es geht auf und ab oder durch einen Looping!

Es kann helfen, wenn du dir bewusst machst, wie stark deine Gefühle sind.

Wahrscheinlich hast du im Lauf eines Tages eine Fülle unterschiedlicher Gefühle. Diese zu erkennen, ist eine nützliche Fähigkeit. Welche Gefühle hast du heute schon gehabt?

Verängstigt

Angst kann Atem und Herzschlag schneller werden lassen. Vielleicht zitterst und schwitzt du auch.

Traurig

Traurigkeit kann sehr schlimm sein. Manchmal muss man weinen, hat ein beengendes Gefühl in der Brust oder einen „Kloß im Hals".

Verlegen

Wenn dir etwas peinlich ist, schaust du vielleicht zu Boden oder dein Gesicht wird rot und heiß.

Angeekelt

Ekel wird oft als flaues Gefühl tief in der Magengrube beschrieben.

Stolz

Es fühlt sich toll an, wenn man das erreicht hat, was man sich vorgenommen hat.

Manchmal fühlt man auch vieles gleichzeitig.

Gefühlstiefe

Ermittle die Stärke eines Gefühls, indem du es auf einer Skala von 1 bis 10 einordnest. Starke Gefühle können unangenehm sein, aber sie zu haben, ist normal.

Benenne jedes Gefühl, auch wenn es nur leicht ist.

Gefühle können je nach Situation stärker werden.

Starke Gefühle können manchmal überwältigend sein.

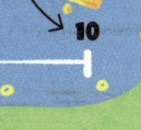

1 2 3 4 5 6 7 8 9 10

Gefühlswellen

Starke Gefühle können dich wie Wellen überrollen. Oft spürst du sie im ganzen Körper, bekommst einen flauen Magen oder einen Druck auf der Brust. Aber es gibt ein paar Tricks, die dir helfen, nicht in den Wellen unterzugehen.

Gefühle bewältigen

Hier findest du einige Möglichkeiten, wie du starke Gefühle bewältigen kannst. Probiere ein paar davon aus und schaue, was für dich am besten funktioniert.

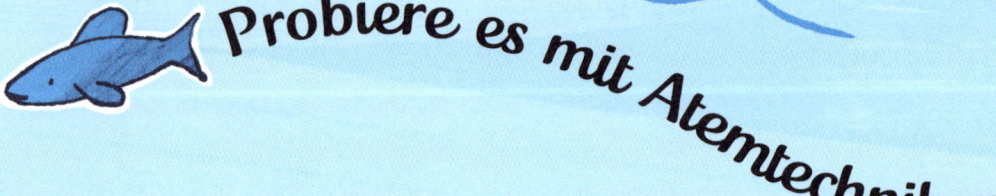

Probiere es mit Atemtechniken.

Drücke deine Gefühle in Bildern aus.

Schreibe auf, wie du dich fühlst.

Durch den Sturm segeln

In schweren Zeiten fühlst du dich vielleicht einsam. Oft hilft es, mit Leuten zu sprechen, die Ähnliches erlebt haben wie du.

Gehe laufen oder spazieren.

Sprich mit einem Vertrauten.

Hilfe finden

Höre Musik.

Geht es dir oft sehr schlecht? Dann sprich darüber mit einem Erwachsenen, dem du vertraust. Ihr könnt gemeinsam überlegen, was dir helfen kann.

Ich trete für meine überzeugung ein.

Ich schaffe alles, was ich will.

Wenn du unsicher bist, sag dir selbst etwas Aufbauendes.

Ich bin mutig und selbstbewusst.

Wiederhole Sätze, die dir Selbstvertrauen geben.

Wähle die Sätze, die Dir gefallen.

Die Kraft des

Ich besiege meine ängste.

Ich kann die Dinge zum besseren wenden.

Wenn du daran glaubst, dass du etwas schaffen kannst, dann schaffst du es auch.

Mit positivem Denken kannst du es schaffen, auch schwierige Ziele zu erreichen. Du übst es, indem du dir immer wieder einen Satz vorsagst, der dich in deinen Zielen bestärkt.

Mein Moodboard

Gestalte eine Sammlung aus Bildern, Fotos, Wörtern und anderen Dingen, die dich mit all deinen verschiedenen Seiten darstellt.

Sei kreativ

Es ist egal, ob du alles an eine Pinnwand heftest oder in ein Album klebst. Lass deiner Kreativität freien Lauf!

Deine Werke

Füge Bilder von Dingen hinzu, die du gemacht hast. Das können Gedichte sein, Bilder, Kostüme oder verrückte Kuchen!

Deine Haustiere und andere Lieblinge

Füge Fotos von Haustieren, deinen fünf Lieblingstieren oder anderen süßen und lustigen Wesen hinzu.

Deine Hobbys

Halte auch fest, was du in deiner Freizeit machst, egal ob du am liebsten Sport treibst, zeichnest oder liest.

Wichtige Menschen

Erinnere dich mithilfe von Fotos von deinen Eltern, Großeltern und Geschwistern an die Menschen, die dir wichtig sind (auch wenn sie dich manchmal nerven!).

Menschen, die du bewunderst

Findest du eine bestimmte Sängerin, Band, einen Sportler oder eine Aktivistin toll? Dann nimm ein Foto oder ein Zitat dieser Person hinzu.

Ein Brief an mein zukünftiges Ich!

Hast du schon mal überlegt, wie du später sein wirst? Stell dir dein Ich in fünf oder zehn Jahren vor und schreibe ihm einen Brief. Schreibe über dich und dein jetziges Leben, deine Erkenntnisse, Hoffnungen und Ratschläge für dein zukünftiges Ich.

Geteilte
Meinungen

Wenn dir eine Sache sehr am Herzen liegt, möchtest du nicht, dass jemand anderer Meinung ist. Allerdings ist es wichtig, Dinge von verschiedenen Seiten zu betrachten, auch wenn du deine Meinung dabei nicht änderst.

Höre zu

Folge der anderen Person aufmerksam und falle ihr nicht ins Wort. Nimm ihre wichtigsten Aussagen in deine Antwort auf, um zu zeigen, dass du zugehört hast.

Sage deine Meinung

Beginne deine Antwort mit „Ich verstehe, was du meinst, aber ich denke anders darüber, weil …." „Wenn du unterbrochen wirst, bitte höflich darum, ausreden zu dürfen.

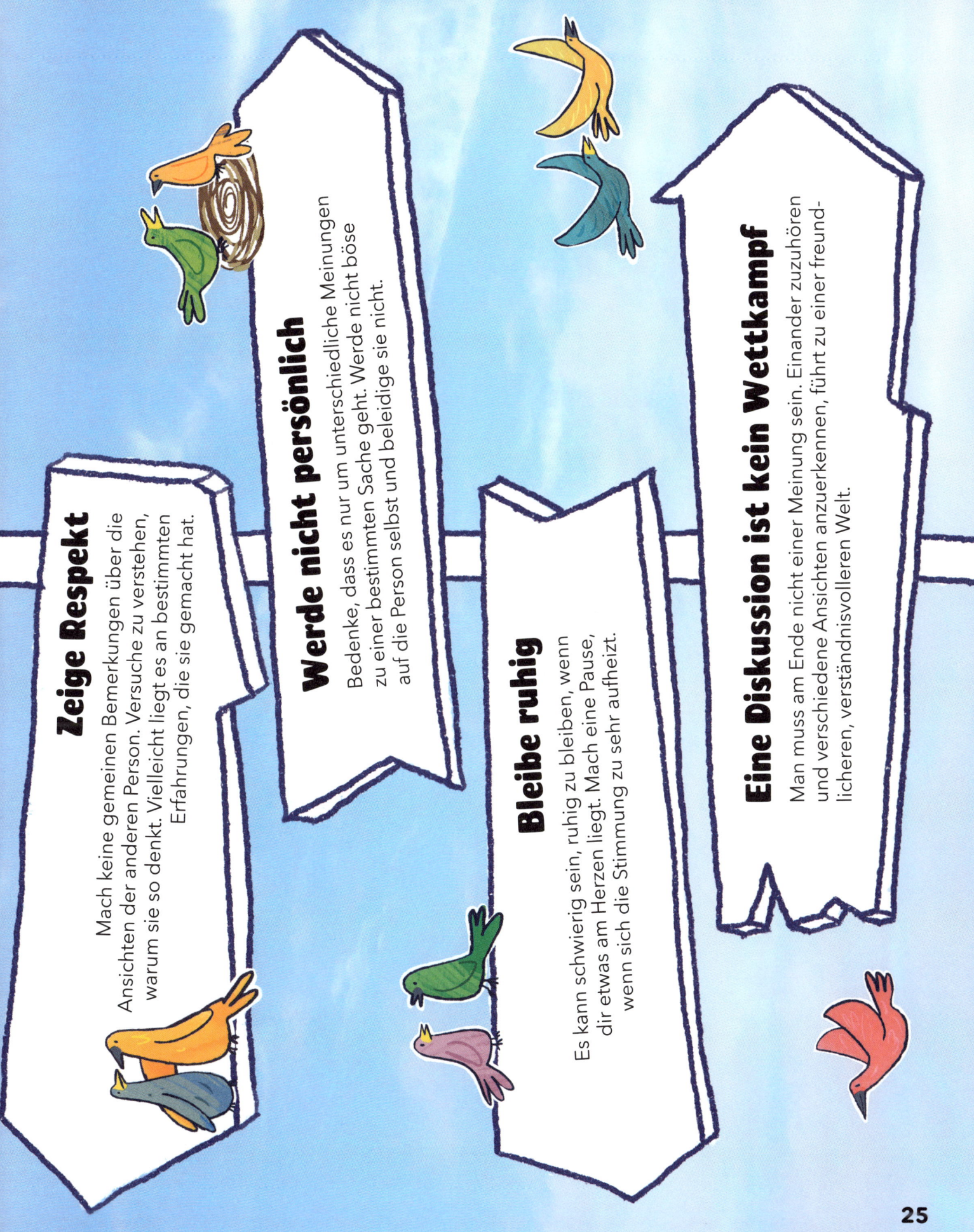

Zeige Respekt

Mach keine gemeinen Bemerkungen über die Ansichten der anderen Person. Versuche zu verstehen, warum sie so denkt. Vielleicht liegt es an bestimmten Erfahrungen, die sie gemacht hat.

Werde nicht persönlich

Bedenke, dass es nur um unterschiedliche Meinungen zu einer bestimmten Sache geht. Werde nicht böse auf die Person selbst und beleidige sie nicht.

Bleibe ruhig

Es kann schwierig sein, ruhig zu bleiben, wenn dir etwas am Herzen liegt. Mach eine Pause, wenn sich die Stimmung zu sehr aufheizt.

Eine Diskussion ist kein Wettkampf

Man muss am Ende nicht einer Meinung sein. Einander zuzuhören und verschiedene Ansichten anzuerkennen, führt zu einer freundlicheren, verständnisvolleren Welt.

In der Gemeinschaft

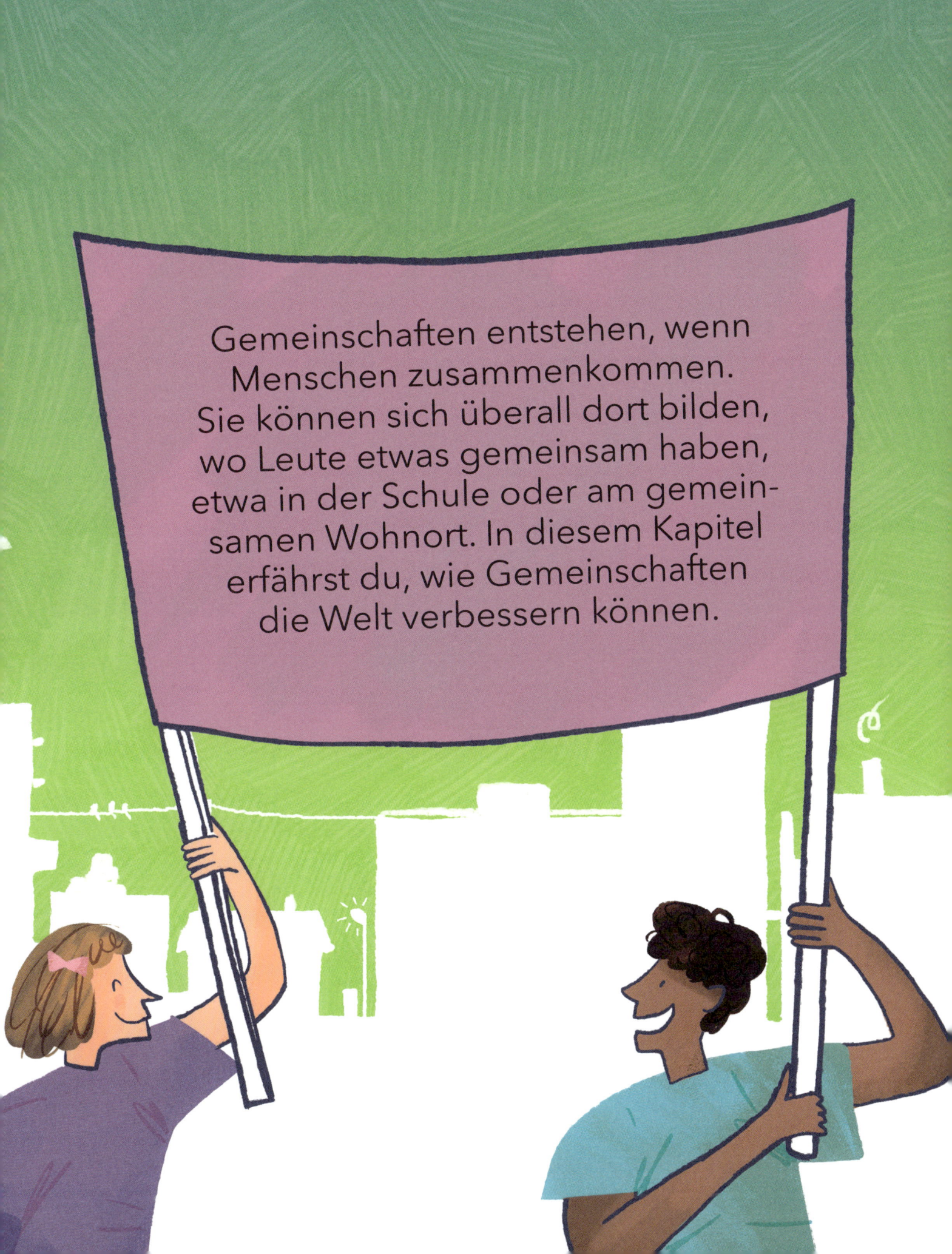

Gemeinschaften entstehen, wenn
Menschen zusammenkommen.
Sie können sich überall dort bilden,
wo Leute etwas gemeinsam haben,
etwa in der Schule oder am gemeinsamen Wohnort. In diesem Kapitel
erfährst du, wie Gemeinschaften
die Welt verbessern können.

Was ist eine Gemeinschaft?

Eine Gemeinschaft ist eine Gruppe von Menschen, die sich zusammengehörig fühlt. Sie bildet sich zwischen Personen, die etwas miteinander gemeinsam haben oder ein gemeinsames Projekt oder Ziel verfolgen.

Vereine und Kurse

Es ist toll, Freunde mit gleichen Interessen zu finden. In einem Verein oder einem Kurs kannst du deine Hobbys mit anderen teilen, egal ob du gern zeichnest oder lieber Sport machst.

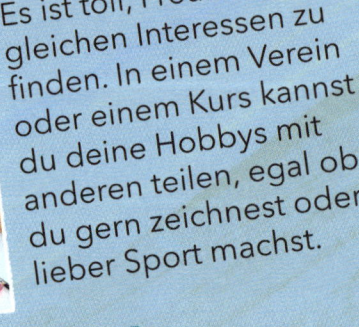

Nachbarschafts- aktionen

Es ist einfach, in deiner direkten Umgebung zu beginnen und diese damit positiv zu verändern. Gemeinsam Müll zu sammeln ist zum Beispiel gut für die Umwelt und für das Gemeinschafts- gefühl.

Ehrenamt

Bei einem Ehrenamt arbeitet man nicht für Geld, sondern freiwillig, um zu helfen. Auch du kannst dich engagieren, indem du im Altersheim alte, einsame Menschen besuchst oder im Tierheim einen Hund ausführst.

Freundschaft

Freundschaft zwischen den Generationen stärkt eine Gemeinschaft.

Jugendtreff

Egal ob in religiösen oder städtischen Einrichtungen, bei organisierten Jugendtreffs gibt es die Möglichkeit, sich über die gemeinsame Kultur oder auch den gemeinsamen Glauben auszutauschen. Das verbindet und gibt vielen Menschen Kraft.

Tauschen und Teilen

Bei Straßenflohmärkten oder Tauschbörsen kann man tolle Dinge erstehen, die ein anderer nicht mehr braucht, die aber für einen selbst sehr nützlich oder einfach nur schön sind. So gelingt es gleichzeitig, Ressourcen zu sparen und miteinander in Kontakt zu kommen.

Tutorengruppen

Auch an deiner Schule gibt es womöglich Tutoren - ältere Schüler, die sich um die jüngeren kümmern, mit ihnen spielen oder Nachhilfe geben. Das hilft, die Gemeinschaft an der Schule zu fördern.

So bist du ein **guter Freund**

Starke Freundschaften helfen uns durch schlechte Zeiten und machen gute Zeiten noch schöner. Hier findest du eine Anleitung, wie du deine Freunde unterstützen kannst.

Zeige deine Wertschätzung

Nimm dir Zeit, Danke zu sagen, vielleicht durch einen handgeschriebenen Brief.

Schließe nie niemanden aus

Es ist schön, zu einer Gruppe zu gehören, aber achte darauf, dass sich niemand ausgeschlossen oder gar gemobbt fühlt. Wenn du andere teilhaben lässt, werden sie das auch für dich tun.

Respektiere die Eigenheiten deiner Freunde

Achte die Eigenschaften, die deine Freunde zu etwas Besonderem machen, von ihrer Kultur bis hin zu ihren Hobbys und Interessen.

Sei hilfsbereit,

Eine schwierige Aufgabe ist gemeinsam schneller erledigt. Dann bleibt mehr Zeit zum Spielen.

wenn du kannst

Ob man über ein Problem sprechen will oder Trost braucht, ein guter Freund ist in schweren Zeiten immer für einen da.

höre zu

Unterstütze andere und

Stress in der **Freundschaft**

Auch die besten Freunde haben manchmal Auseinandersetzungen. Diese Tipps können helfen, Streit zu schlichten und die Freundschaft zu bewahren. Danach ist sie vielleicht stärker als zuvor.

Redet miteinander.

Sei **versöhnlich** und nicht nachtragend.

Bitte um **Entschuldigung**.

Versuche zu **verstehen,** warum du und dein Freund sich so verhalten haben.

Rede über deine Gefühle mit einem Erwachsenen.

Stoppe das Mobbing

Was ist Mobbing?

Mobbing bezeichnet ein Verhalten, das darauf abzielt, jemand über längere Zeit körperlich oder seelisch zu verletzen. Menschen werden besonders oft wegen ihrer Herkunft, ihrer Religion oder ihrem Aussehen gemobbt.

Hilfe!

Es gibt viele Möglichkeiten, sich Hilfe zu holen, sei es bei Erwachsenen oder bei speziellen Einrichtungen. Auch Lehrer sind gute Ansprechpartner. Habe Mut, um Hilfe zu bitten.

Körperlich

Auch körperliche Angriffe wie Schlagen und Treten, jemanden schubsen oder bestehlen sind Formen des Mobbings.

denke daran, du bist nicht allein.

Wirst du gemobbt,

Lass uns Freunde sein

Wird man gemobbt, fühlt man sich einsam, hat Angst und ist traurig. Einem Betroffenen Freundschaft anzubieten, kann eine große Hilfe bedeuten.

Wenn du in einer Gruppe bist, achte darauf, dass ihr niemanden ausschließt und lass dich auf keinen Fall dazu überreden, selbst jemanden zu mobben.

Viele Menschen sind von Mobbing betroffen und sie leiden sehr darunter. Für einen einzelnen ist es vielleicht schwer, einen Ausweg zu finden, doch gemeinsam ist es möglich.

Es tut gut, mit anderen über Mobbing zu sprechen.

Schau nicht weg!

Wenn du mitbekommst, dass jemand gemobbt wird, solltest du etwas unternehmen, aber bringe dich dabei nicht selbst in Gefahr. Auf jeden Fall solltest du das Mobbing melden.

Durch Worte

Mobbing mit Worten kann von Sticheleien über Beleidigungen bis hin zu Drohungen reichen.

Seelische Folgen

Mobbing kann ernste Folgen haben. Die Betroffene kämpfen oft ihr ganzes Leben damit und leiden zum Beispiel unter Schlafstörungen, Angstzuständen, Depressionen oder starken Selbstzweifeln.

Warum wird gemobbt?

Es gibt oft Gründe, warum jemand andere mobbt. Vielleicht hat derjenige Probleme in der Familie oder wurde selbst gemobbt. Doch egal aus welchem Grund, Mobbing sollte immer gestoppt werden.

Cybermobbing,
nein danke!

Cybermobbing – Beschimpfungen, Demütigungen oder sogar Drohungen über Handy oder Internet – ist manchmal schlimmer als Beleidigungen durch Mitschüler auf dem Pausenhof oder körperliche Angriffe auf dem Spielplatz. Hier erfährst du, warum und was du unternehmen kannst.

Rund um die Uhr

Sobald du online bist, kannst du Nachrichten empfangen – egal um welche Uhrzeit. Damit kann Cybermobbing jederzeit stattfinden. Ob abends im Kinderzimmer, beim Ausflug am Wochenende oder in den Ferien – jemand, der gemobbt wird, fühlt sich nirgends sicher. Was hilft? Schalte das Handy einfach mal ab und mach dich so unerreichbar.

Bitte abschalten!

Botschaft an alle?

Es ist oft praktisch, übers Handy Informationen zu teilen oder lustige Nachrichten an alle Freunde gleichzeitig zu versenden. Doch sei vorsichtig! Stelle keine Bilder ins Netz oder verschicke Filmchen, die dir später peinlich sein könnten. Und pass auf, wer dich in welcher Situation fotografiert oder filmt.

 Wie unangenehm!

Unbekannter Täter

Im Internet kann vieles anonym passieren, das bedeutet, dass derjenige, der eine Nachricht schreibt, aber auch der, der sie empfängt, unbekannt bleibt. So weiß das Mobbingopfer nicht, wer die Gemeinheiten verbreitet. Umgekehrt musst du auch vorsichtig sein, mit wem du chattest. Du solltest immer wissen, wem du Geheimnisse und Bilder anvertraust.

Traue nie einem Unbekannten

Unvergessen

Eine peinliche Situation im Klassenzimmer gerät nach ein paar Tagen in Vergessenheit. Doch im Gegensatz zu Menschen vergisst das Internet nichts. Noch Jahre später kann jeder sehen oder lesen, was irgendwann mal dort veröffentlicht wurde. Du kannst bestimmte Kontakte auch dem Anbieter melden und sperren oder blockieren lassen.

§
Mobbing ist strafbar!

Was kannst du tun?

Eine Mitschülerin, ein Freund oder du selbst werden über das Internet gemobbt? Hier ein paar Tipps:

Da mach ich nicht mit!

Auch wenn es anfangs vielleicht lustig erscheint, überlege dir, wie du es empfinden würdest, wenn andere über dich spotten. Kein schönes Gefühl, oder?

Nur Mut!

Biete deine Hilfe an, unterstütze die betroffene Person. Das gibt ihr Kraft und sie fühlt sich nicht mehr allein. Am besten ihr redet mit demjenigen, der sich unfair verhält.

Vertrauen

Sprich mit deinen Eltern oder einem Lehrer über das Problem. Du kannst dir sicher sein: Danach geht es dir besser und du fühlst dich nicht mehr so allein.

Sammle Beweise

Speichert die beleidigenden Fotos und Nachrichten. Wenn ihr Belege habt und wisst, wer hinter der Mobbingattacke steckt, könnt ihr bei schlimmen Fällen sogar Anzeige erstatten.

Weg damit!

Du hast das Recht, dass beleidigende Fotos oder Texte gegen dich im Internet gelöscht werden. Schreibe den Webseitenbetreiber an, damit er dies für dich erledigt.

Vom Frauenmarsch ...

Wenn viele Menschen zusammenkommen, erregen sie viel Aufmerksamkeit, so wie beim Frauenmarsch 2017, der größten Demonstration aller Zeiten in den USA.

Eine Aktion ...

...führt zur nächsten.

Politiker

Gewählte Volksvertreter treffen Entscheidungen im Namen der Menschen, die ihnen ihre Stimme gegeben haben. Ein Brief von dir zum Beispiel an die Jugendorganisation einer Partei könnte die Meinung von Politikern beeinflussen.

Nimm dir zu Beginn zum Beispiel vor, an deinen Gemeinderat zu schreiben. Vielleicht kannst du ihn überzeugen, etwas gegen Luftverschmutzung oder für bessere Schulbücher zu tun.

Ein kleiner Schritt

Jede große Bewegung fängt irgendwo an. Ein kleiner erster Schritt kann jemand anderen zu einer Veränderung motivieren. Wer weiß, wohin diese Person deine Botschaft trägt?

„Du bist nie zu jung, um etwas zu

... zur Anti-Waffen-Demo

Inspiriert vom Frauenmarsch veranstalteten Schüler einer amerikanischen High School eine große Demonstration gegen Schusswaffen.

Gretas Sitzstreik

2018 begann die schwedische Teenagerin Greta Thunberg, angeregt durch Jugendproteste zu anderen Themen, selbst zu demonstrieren. Sie wollte auf den Klimawandel aufmerksam machen.

Klimastreik

Gretas Beispiel folgend beteiligten sich am 20. September 2019 Millionen Kinder an Klimastreiks auf der ganzen Welt.

Andere könnten dir folgen ...

... im Kampf für Veränderung.

#imtrend

Soziale Medien können ein mächtiges Werkzeug sein. Du könntest einen Erwachsenen bitten, einen Account für dich zu führen.

Jede wichtige Persönlichkeit der Geschichte hat klein angefangen. Du weißt nie, wo dich deine ersten Schritte hinführen!

bewirken." – Greta Thunberg

Freiwillige vor!

Eine Müllsammelaktion am Strand oder im Park macht Spaß und du kannst mit wenig Mühe viel erreichen. Finde heraus, ob es schon so eine Aktion in deiner Nähe gibt, oder frage einen Erwachsenen, ob er dir hilft, selbst eine zu organisieren.

Schmutzfinken
Jedes Stück Müll in der Natur trägt zur Umweltverschmutzung bei.

Das Plastikproblem
Müll ist nicht nur hässlich, er ist auch eine Gefahr für Tiere. Sie können sich in Plastikteilen verfangen oder daran ersticken.

Müllsammeln in der Natur

Das Müllproblem an Stränden oder im Wald ist leichter zu lösen, wenn viele Freiwillige bei Sammelaktionen zusammenkommen. So lässt sich viel mehr erreichen!

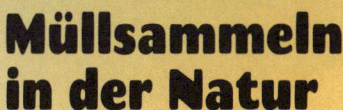

Mit Spaß dabei

Bei ehrenamtlicher Arbeit bist du aktiv, an der frischen Luft und lernst neue Menschen kennen. Außerdem ist bewiesen, dass diese Art von Arbeit glücklich macht.

Beachte beim Müllsammeln in der Natur die Sicherheitshinweise der Organisatoren.

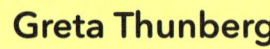

Aktive junge Leute

Ein Recht auf Bildung

„Ein Kind, ein Lehrer, ein Buch und ein Stift können die Welt verändern. Bildung ist die einzige Lösung." – Malala im Jahr 2013 vor der UN-Jugendversammlung

Greta Thunberg

Die schwedische Klimaaktivistin Greta Thunberg hat weltweit zu Schulstreiks gegen den Klimawandel angeregt. Sie sagt, ihr Asperger-Syndrom hilft ihr, anders zu denken.

Malala Yousafzai

Malala stammt aus Pakistan und setzt sich für Bildung für alle ein. Jemand, der gegen Schulbildung für Mädchen war, schoss auf sie. Doch Malala überlebte und wurde später die jüngste Friedensnobelpreisträgerin aller Zeiten.

Stoppt den Klimawandel

„Es ist noch nicht zu spät etwas zu tun. Es braucht Weitblick und es braucht Mut." – Greta in ihrer Rede vor dem Europaparlament 2019

Egal wie alt du bist, du kannst dazu beitragen, die Welt zu verbessern. Hier sind einige junge Aktivisten, die bekannt geworden sind, weil sie ihre Stimme für ihr Anliegen erheben und andere zu ähnlichem Tun inspirieren.

Anders sein ist wundervoll

Schuyler Bailer

Schuyler ist der erste transsexuelle Profi-Schwimmer in den USA. Transsexuell sein bedeutet, dass man sich nicht dem Geschlecht zugehörig fühlt, mit dem man geboren wird. Schuyler wurde zwar mit einem weiblichen Körper geboren, lebt aber jetzt als Mann. Er erhielt Preise für seinen Aktivismus und seine sportlichen Leistungen.

Erhebt die Stimme für Kinder

„Ich werde für die Millionen von Kindern und jungen Leuten sprechen, die zum Schweigen gebracht wurden."
Millie, 2018

Nikki Christou

Nikki wurde mit der seltenen Krankheit AVM (arteriovenöse Malformation) geboren, die sich auf ihr Aussehen auswirkt. Sie begann unter dem Namen Nikki Lilly einen Video-Blog, um zu zeigen, dass es in Ordnung ist, anders zu sein.

Millie Bobby Brown

Als bekannte Schauspielerin hat Millie entschieden, ihren Ruhm für einen guten Zweck zu nutzen. Sie ist die jüngste UNICEF-Botschafterin aller Zeiten und setzt sich weltweit für die Rechte von Kindern ein.

Lesen macht stark

Gut, dass bei uns jedes Kind in die Schule gehen darf. Dort lernst du viele spannende Dinge, die dir im späteren Leben und Beruf nützlich sein werden. Das meiste davon und noch viel mehr Wissen findest du in Büchern. Also: Nutze die Gelegenheit, denn lesen macht schlau!

Wissen ist wertvoll

In jedem Buch steht etwas Neues. Manchmal ist es eine unbekannte Geschichte, manchmal sind es neue Informationen, die du erhältst. Auf jeden Fall lernst du mit jedem Buch ein wenig hinzu.

Voller Fantasie

Bücher verleihen Flügel in eine andere Welt. Das kann nicht nur entspannend sein, sondern bringt dich auch selbst auf neue, kreative Ideen.

Das ist meine Meinung!

Je mehr du über ein Thema weißt, umso besser kannst du dir eine eigene Meinung bilden. Das macht dich unabhängig und stärkt dein Selbstbewusstsein!

Sport für den Kopf

Durch Lesen kannst du neue Wörter lernen, besser schreiben lernen und dein Gedächtnis trainieren.

Liest du mir was vor?

Sicher hast du es geliebt, wenn dir deine Mutter oder dein Vater vorgelesen haben. Inzwischen kannst du selbst anderen vorlesen. Veranstalte doch mal einen Lesenachmittag in deiner Nachbarschaft, im Seniorenheim oder in der Bücherei.

Libro Livre

Bücherbus

Manchmal kommt auch ein Bücherbus vor die Schule – eine Bücherei auf Rädern!

LESECLUB

Bücher überall

Bücher gibt es häufig sogar kostenfrei! Hast du bereits einen Ausweis für die Bücherei in deinem Ort oder an deiner Schule? Es gibt auch Bücherschränke an vielen öffentlichen Plätzen, wo man Bücher einstellen und tauschen kann.

Komm, wir lesen gemeinsam!

Hast du schon einmal überlegt, mit Freunden einen Buchclub zu gründen? Ihr könntet Bücher austauschen und über eure Lieblingsbücher sprechen.

Mehr im Museum

Museen sind tolle Orte, um weiterzuforschen und Neues zu entdecken! Es gibt Museen zu allen Themen und häufig bieten sie besondere Aktionen oder Führungen für Kinder an. Mach dich auf den Weg!

So wirst du gehört

Eine tolle Rede schreiben

Konzentriere dich beim Schreiben einer Rede auf zwei bis drei Hauptthemen, sorge mit starken Fakten für Aufsehen und wähle einen Stil, mit dem du dich beim Vortragen wohlfühlst.

Schon immer haben große Redner die Menschen zum Handeln angeregt. Sprechen vor Publikum kann einem jedoch zunächst Angst machen. Hier ein paar nützliche Tipps.

Wo kannst du das Sprechen üben?

Du kannst einem Debattierklub beitreten oder in der Schule eine Präsentation halten, um das Sprechen vor Publikum zu üben.

Selbstbewusst sprechen

Übe vor deinen Freunden oder nimm dich selbst auf Video auf. Schaue dein Publikum an und sprich deutlich. Atme tief durch, um deine Nerven zu beruhigen.

Du schaffst das!

Große Redner der Geschichte

Nelson Mandela

Eine seiner kraftvollen Reden hielt Mandela 1964, als er wegen seiner politischen Ansichten vor Gericht stand.

Eleanor Roosevelt

Roosevelts brillante Reden, wie The Struggle for Human Rights von 1948, waren eine der Voraussetzungen zur Verfassung der Allgemeine Erklärung der Menschenrechte.

Abraham Lincoln

Mit seiner kurzen Rede von 1863, der Gettysburg Address, zeichnete Lincoln ein eindrucksvolles Bild von Amerika.

Gemeinsam etwas bewegen

Um die Welt zu verbessern, müssen wir für die Gleichstellung aller Menschen kämpfen. Wir müssen die richtigen Entscheidungen treffen, was wir zu tun und wie wir uns zu verhalten haben. In diesem Kapitel geht es um die Herausforderungen, denen wir uns stellen müssen, um die Welt für alle besser und gerechter zu gestalten.

Informiere dich

Lies Bücher, verfolge die Nachrichten, höre Podcasts und betrachte die Dinge aus unterschiedlichen Perspektiven, um dir ein vollständiges Bild zu machen.

Nutze deine Talente

Aktivismus kann viele Formen annehmen. Versuche auf deine Art, etwas zu bewegen, egal ob durch Musik, mit Postern oder Gedichten. Es soll Spaß machen!

Vernetzt euch

Es ist gut, Ideen und Gedanken mit anderen zu teilen. Finde heraus, ob es in deiner Nähe eine passende Gruppe oder Vereinigung gibt, der du beitreten kannst, oder gründe selbst eine.

So wirst du

Erhebe deine Stimme

Du musst nicht gleich eine organisierte Kampagne starten, um deine Botschaft zu verbreiten. Sage einfach deine Meinung und versuche etwas zu bewirken.

„Ich glaube, wir sind auf der Erde, um zu leben, aufzuwachsen und zu tun, was wir können, damit diese Welt ein besserer Ort wird und alle Menschen frei sein können." Rosa Parks, Menschenrechtsaktivistin

aktiv

Suchst du nach Wegen, wie du dich für eine bessere Welt einsetzen kannst? Hier sind ein paar Tipps für den Anfang.

Finde dein Ziel

Es gibt so viele Ziele, für die es sich zu kämpfen lohnt. Wo soll man da anfangen? Mit diesem Test kannst du herausfinden, was dir am meisten am Herzen liegt.

1 Was möchtest du werden, wenn du groß bist?

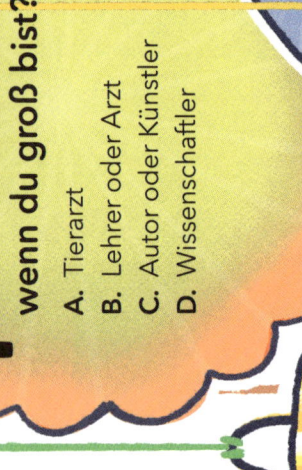

A. Tierarzt
B. Lehrer oder Arzt
C. Autor oder Künstler
D. Wissenschaftler

2 Welches Haustier hättest du am liebsten?

A. Ein Pferd
B. Einen Hund
C. Gar keines
D. Tiere gehören in die Wildnis.

3 Welches dieser Dinge würdest du am ehesten aufgeben?

A. Fleisch und Fisch essen.
B. Zur Schule gefahren werden.
C. Die neusten Turnschuhe tragen.
D. Mit dem Flugzeug an aufregende Orte fliegen.

4 Wenn du alle dazu bringen könntest, nur EINE Sache zum Besseren zu verändern, was wäre das?

A. Vegetarier werden.
B. Müll in den Mülleimer werfen.
C. Obdachlosen und Flüchtlingen helfen.
D. Kein Plastik mehr benutzen.

5 Welches Bild würdest du dir an die Wand hängen?

A. Ein Hundebaby
B. Ein Bild von dir und einem Freund
C. Ein Poster von einem berühmten Sportler
D. Ein Foto der Erde aus dem All

6 Wenn du in die Vergangenheit reisen könntest, welche Zeit würdest du besuchen?

A. Das Zeitalter der Dinosaurier
B. Die Zeit der allerersten Menschen
C. Die Epoche des alten Ägyptens
D. Die Zeit der Mondlandungen

10

Von welchem Urlaub träumst du?

A. Die Tiere im afrikanischen Serengeti Nationalpark zu sehen.
B. Eine Woche eine Großstadt wie New York oder Singapur zu besichtigen.
C. Freunde an einem neuen Ort zu finden.
D. Eine umweltfreundliche Reise zum Great-Barrier-Riff in Australien zu unternehmen.

9

Was ist dein Lieblingsfach?

A. Naturwissenschaften
B. Kunst
C. Geschichte
D. Geografie

8

Welches dieser Menschenrechte ist dir am wichtigsten?

A. Das Recht zu spielen.
B. Das Recht auf eine eigene Meinung
C. Das Recht deine Freunde auszusuchen.
D. Das Recht auf gesundes Essen und sauberes Wasser

7

Wenn nur EINS dieser Dinge erfunden werden könnte, welches sollte es sein?

A. Holographische Haustiere, damit du einen Tiger halten könntest.
B. Teleportation, um jeden deiner Freunde im Handumdrehen zu besuchen.
C. Ein Rucksack mit unendlich Platz, in den all deine Sachen hineinpassen.
D. Schwebebretter oder Besen, um fliegen zu können.

Meistens A

Deine Leidenschaft gilt Tieren aller Art, vom Ameisenbär bis zum Zebra. Deshalb wärst du ein toller **Tierrechtsaktivist.**

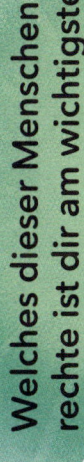

Meistens B

Du bist gesellig, neugierig und findest immer Wege, damit die Menschen sich in deinem Umfeld wohl fühlen. Du könntest erfolgreicher **Gemeindeaktivist** werden.

Meistens C

Du sorgst dich sehr um die Probleme der Menschheit und wärst ein fantastischer **Menschenrechtsaktivist.**

Meistens D

Du siehst die Notwendigkeit, unseren Planeten zu schützen und den Klimawandel aufzuhalten. Du wärst ein großartiger **Umweltaktivist.**

Poster-Power

Informative Flugblätter, bunte Transparente und starke Plakate können mächtige Werkzeuge sein, um deine Botschaft zu verbreiten. Diese Tipps sollen dir helfen aufsehenerregende Materialien für deine eigene Kampagne zu erstellen.

Benutze leuchtende Farben und eine große Schrift.

Denk dir einen eingängigen Spruch oder ein einfaches Wortspiel aus. Dieses Transparent spielt mit dem Begriff „Plan B", was soviel wie eine Alternativlösung bedeutet.

ES GIBT KEINEN PLANET B

Transparente

Wenn über Demonstrationen berichtet wird, tauchen oft die Transparente der Teilnehmer auf den weltweiten Titelseiten auf.

Transparente malen!

Donnerstag 16 Uhr

Rathaus

Jeder ist willkommen

Plakate

Plakate hängt man so auf, dass sie gesehen werden. Sie sind dazu da, Menschen auf ein Problem oder eine geplante Veranstaltung aufmerksam zu machen. Deshalb sollten sie alle wichtigen Informationen, wie Zeit und Ort deiner Veranstaltung enthalten.

Achte auf Rechtschreibung und Grammatik, damit dein Poster nicht aus den falschen Gründen auffällt!

Flugblätter

Flugblätter sind kleiner als Plakate und werden verteilt oder mit der Post verschickt. Es ist mühsam, sie zu verbreiten, aber so kannst du eine große Zahl an Menschen erreichen.

Denke daran, dass andere vielleicht noch nichts über das Thema wissen. Drücke dich deshalb leicht verständlich aus.

DEMO gegen Plastik

Gesamtschule
1. Juni, 18 Uhr

Wenn dir unser Planet am Herzen liegt und du besorgt bist, weil Plastik unsere Meere verschmutzt, dann demonstriere mit uns gegen Einwegplastik.

Das sind
deine Rechte

Im Jahr 1989 wurden die Rechte aller Kinder auf dieser Welt festgelegt, egal wo sie geboren sind und wo sie leben.

Die Rechte des Kindes

Nicht überall werden die Rechte von Kindern beachtet. Regierungen und Familien sind dafür verantwortlich, sie zu schützen.

Du hast ein Recht auf ein sicheres Zuhause.

Du hast ein Recht auf Nahrung.

Du hast ein Recht auf Schulbildung.

Du hast ein Recht darauf, nicht verletzt oder misshandelt zu werden.

Du hast ein Recht auf Privatsphäre.

Gib dein Bestes

Die Kinderrechtsvereinbarung ermutigt Kinder, ihre Talente und Fähigkeiten zu entwickeln, andere Menschen zu respektieren und die Umwelt zu schützen.

Ich habe das Recht auf Information.

Ich habe das Recht, zu Spielen!

Ich habe das Recht auf eine eigene Meinung.

Ich habe das Recht auf einen Namen.

Ich habe das Recht, meine Freunde zu wählen.

Was ist Diskriminierung?

Diskriminierung ist, wenn jemand zum Beispiel aufgrund seiner Herkunft, Religion, Behinderung, seinem Geschlecht, Alter oder anderen Besonderheiten ungerecht behandelt wird.

Warum gibt es Diskriminierung?

Manche Menschen diskriminieren andere gelegentlich, ohne es zu merken, oder auch bewusst, um sich selbst besser oder überlegen zu fühlen. Es kann eine Form des Mobbings sein.

Wie erkennt man sie?

Diskriminierung kann sich offen in bösartigem Verhalten oder versteckt in ungleicher Behandlung zeigen.

Was ist

Niemand darf andere ungerecht behandeln. Es ist wichtig, zu verstehen, was Diskriminierung ist, denn sie kann viele Formen annehmen.

Weniger = Mehr

Eine Welt ohne Diskriminierung heißt weniger Hass und mehr Freude, weniger Gegeneinander und mehr Miteinander, weniger Ungerechtigkeit und mehr Gleichberechtigung!

Vorurteil

Ein Vorurteil ist eine schlechte Meinung über jemanden, die nicht auf Tatsachen beruht, beispielsweise die Meinung, dass Menschen anderer Herkunft minderwertig sind.

Fehlendes Verständnis

Wenn Menschen nicht dazu ermutigt werden, Vielfalt wertzuschätzen, bekommen sie Angst vor Menschen, die anders sind als sie.

Stereotyp

Ein Stereotyp ist die Vorstellung, dass alle Menschen einer Gruppe gleich sind. Zum Beispiel „alle Teenager sind faul".

Falsche Annahmen

Ohne es zu bemerken, treffen Menschen Annahmen, die auf Stereotypen beruhen. Dann trauen sie Teenagern vielleicht nichts zu, weil sie denken, dass diese alle faul sind.

Hindernisse

Manchmal stehen behinderten Menschen im Alltag vor Hindernissen. So können Rollstuhlfahrer zum Beispiel keine Treppen benutzen.

Diskriminierung?

Wir müssen sie mit allen Mitteln bekämpfen und dafür sorgen, dass in unserer Gesellschaft alle Menschen gleichgestellt sind.

Kendrick Lamar

Der amerikanische Hip-Hopper Lamar ist für den beißenden politischen Aktivismus in seiner Musik bekannt. Sein Song „Alright" wurde zur inoffiziellen Hymne der „Black Lives Matter"-Bewegung.

Joan Baez

Baez setzt sich für soziale Gerechtigkeit, friedlichen Protest und Bürgerrechte ein. Ihr Cover des bewegenden Gospelsongs „We Shall Overcome" von 1963 ist eine klassische Protesthymne.

Sonita Alizadeh

Die Musik der afghanischen „Raptivistin" Alizadeh befasst sich mit dem Thema Zwangsheirat, von dem sie selbst betroffen war. Sie erreichte 2014 internationale Anerkennung mit ihrem Song „Brides for Sale".

Dreh auf!

Musik kann Gefühle ausdrücken, aber auch zum Nachdenken über gesellschaftliche Probleme anregen. Hier sind einige bekannte Musiker, die sich in ihren Liedern für Veränderungen einsetzen.

Sam Cooke
Der Song „A Change is Gonna Come" des Soul-Sängers und Aktivsten Sam Cooke von 1964 dreht sich um den Kampf gegen die Rassentrennung in Amerika um 1960.

Lady Gaga
Lady Gaga ist bekannt dafür, auf soziale Probleme, insbesondere das Thema Gleichberechtigung, aufmerksam zu machen. So auch in ihrem einschlägigen Hit „Born This Way" von 2011.

Nina Simone
Simone war eine große Sängerin, die sich an der amerikanischen Bürgerrechtsbewegung um 1960 beteiligte. 1970 erschien ihre Bürgerrechtshymne „To Be Young, Gifted and Black".

Bob Marley
Der jamaikanische Reggae-Sänger Bob Marley setzte sich mit seiner heiteren Musik für Menschenrechte ein. Songs wie sein Hit „Get Up, Stand Up" von 1975 gaben den Armen und Unterdrückten weltweit eine Stimme.

Meine Kampagne

Eine Kampagne besteht aus mehreren Aktionen für einen bestimmten Zweck. Sie muss gut geplant werden.

Aufmerksam machen.

Leute dazu bringen, ihr Verhalten zu ändern.

Auf die Plätze …

Setze ein Ziel

Schreibe auf, was du mit deiner Kampagne erreichen willst.

Bewirken, dass Regeln oder Gesetze geändert werden.

Spenden für den guten Zweck sammeln.

Frage viele verschiedene Menschen nach ihrer Meinung.

überprüfe deine gesammelten Informationen.

Bringe die Lokalzeitung dazu, über die Kampagne zu berichten.

Hänge Plakate auf und verteile Flugblätter.

Infos sammeln

Sammle so viele Informationen wie möglich, bevor du deine eigene Kampagne startest.

Wähle deine Mittel

Womit erreichst du deine Ziele am besten?

Finde heraus, wie ähnliche Kampagnen organisiert wurden.

Lies Berichte über dein Thema in den Nachrichten.

Frage deine Lehrer, was du an deiner Schule unternehmen kannst.

Starte eine Petition.

Los!

Veränderung braucht etwas Zeit.

Abflug!

Eine Kampagne zu starten ist aufregend, aber sei nicht enttäuscht, wenn sich nicht sofort etwas tut.

Wenn Dinge nicht nach Plan verlaufen, ist es wichtig, etwas daraus zu lernen.

Höhenflug

Was funktioniert und was nicht? Denke daran, dass du deine Pläne im Lauf der Zeit anpassen kannst.

Erfolg

Lobe dich selbst für jeden Erfolg, den du erzielst, auch wenn er nur klein ist.

Marley Dias

Marley ärgerte sich, dass alle Hauptfiguren in ihren Schulbüchern weiß und männlich waren. Sie startete eine Kampagne, um 1000 Bücher mit schwarzen Mädchen in der Hauptrolle zu sammeln – und es wurden 9000!

Schule ohne Rassismus – Schule mit Courage

Über 3000 Schulen sind inzwischen in diesem bundesweiten Netzwerk aktiv. Auch deine Schule kann mitmachen und sich mit eigenen Kampagnen gegen Rassismus, Gewalt und Mobbing einsetzen.

Geld Sammeln

Hilfsorganisationen helfen zum Beispiel Opfern von Naturkatastrophen oder versorgen Krankenhäuser in Krisengebieten. Am besten kannst du sie durch das Sammeln von Spenden unterstützen.

Kleingeld

Du wirst überrascht sein, wie viel Geld zusammenkommt, wenn du kleine Münzen in einer Spardose sammelst. Wirf einfach die Centmünzen des Wechselgelds hinein, das du in Läden bekommst, oder spare etwas von deinem Taschengeld.

Halloweenparty
Du könntest eine Veranstaltung planen und Eintrittskarten und Kostüm-Verkaufen. Halloween-partys an Halloween sind immer beliebt. Den Erlös spendest du.

Wettrennen
Mach bei einer Sport-veranstaltung für einen guten Zweck mit.

Süße Spende
Verkaufe mit Freunden die Kuchen und Wer bäckt die leckersten Cupcakes? Einnahmen Cupcakes.

Wiederverkaufswert
Bevor alte Spielsachen Staub ansetzen, könntest du deine Eltern bitten, sie online zu verkaufen und den Erlös zu spenden.

Smarte Spende
Hilfsorganisationen können Geld durch das Recyceln alter oder sogar kaputter Handys einnehmen.

Kleiderspende
Spende Kleidung, die du nicht mehr trägst, an Hilfsorganisationen. Die Sachen können verkauft werden, um Geld zu sammeln.

Autos waschen
Verdiene Geld, indem du Autos wäschst. Du brauchst dazu nur Eimer, Seife und Schwamm!

2440

Proteste, die Geschichte schrieben

Werde aktiv

Taten sagen oft mehr als Worte. Gespräche sind hilfreich, aber du musst auch offen zeigen, woran du glaubst.

Beginne bei dir

Überdenke dein eigenes Handeln, bevor du andere kritisierst. Es kann hart sein, für deine Überzeugungen Opfer zu bringen, aber es lohnt sich.

Emmeline Pankhurst

Pankhurst demonstrierte mit anderen Frauen dafür, dass sie in Großbritannien das Wahlrecht bekamen. Aus Protest brachen einige von ihnen das Gesetz und kamen dafür ins Gefängnis.

Mahatma Gandhi

Gandhi war ein Meister des friedlichen Protests. 1930 begab er sich auf einen langen Marsch durch Indien, der weltweit Aufmerksamkeit erregte und dazu beitrug, dass Indien von England unabhängig wurde.

Du bist einer der jüngsten einer langen Reihe von Aktivisten. Viele davon haben mit ihrem Protest sehr wichtige Veränderungen bewirkt. Hier siehst du, was einige deiner berühmtesten Vorgänger geschafft haben.

Protest beim Sport

Gruß gegen Hass

Bei der Olympiade von 1968 trugen die beiden afroamerikanischen Athleten Tommie Smith und John Carlos schwarze Handschuhe und hoben die Fäuste, um gegen Rassismus zu protestieren.

Kniefall

2016 knieten sich American-Football-Spieler wie Colin Kaepernick (Mitte) während der amerikanischen Nationalhymne hin, um gegen Rassismus und Polizeigewalt gegen Schwarze zu protestieren.

Sei fantasievoll

Wenn es um Veränderungen geht, ist nichts wichtiger als Fantasie. Damit du wirklich etwas ändern kannst, musst du dir erst einmal eine bessere Welt vorstellen.

Dr. Martin Luther King Jr.

Dr. King war ein hervorragender Redner. Durch die Kraft der Worte half er den Menschen zu sehen, wie viel schöner die Welt ohne rassistische Gesetze und Regeln sein könnte.

Friedliche Revolution

1989 begannen viele Bürger der DDR mit gewaltfreien Protesten und Initiativen gegen das Regime in Ostdeutschland zu demonstrieren. Dies führte zur politischen „Wende" und mit dem Mauerfall schließlich zur Wiedervereinigung Deutschlands.

Bringe Essen, Getränke und Kleidung für jedes Wetter mit.

Anleitung zum Demonstrieren

Mit einer Demonstration zeigen Menschen, dass sie gemeinsam für ein Ziel kämpfen. Demonstrationen können Gesetze ändern und den Lauf der Geschichte beeinflussen.

Bastle ein großes Schild mit deiner Botschaft.

Mach Lärm! Feuere die Redner an, blase in eine Trillerpfeife oder starte einen Sprechchor.

Du kannst den Protestzug auch nur ein Stück weit begleiten. Genieße die Stimmung!

Wenn du dir Sorgen machst

Menschenmengen können beängstigend sein. Es hilft, wenn du dich darauf vorbereitest.

 Überlege dir, was du tust, wenn du von deiner Gruppe getrennt wirst.

 Sieh dir vor Beginn den Zeitplan und die Strecke an. Oft findest du diese Infos auf einer Website oder in der Lokalzeitung.

 Trage die Handynummern jedes Mitglieds deiner Gruppe bei dir.

 Sag deiner Gruppe, wenn du eine Pause brauchst.

 Vereinbart genaue Treffpunkte für Anfang und Ende des Marsches.

Fake News erkennen

„Fake News" sind falsche oder übertriebene Berichte, die Menschen beeinflussen sollen. Bei der Menge an Informationen heutzutage ist es schwierig, zu erkennen, welchen Nachrichten man trauen kann. Hier sind einige Warnzeichen.

Huhn

> Auch wenn eine Information von einem Freund stammt, muss sie nicht stimmen.

> Fake News sind nur schwer zu erkennen. Dein Freund gibt sie vielleicht weiter, ohne es zu wissen.

> Vielleicht stammt die Information aus einem Bericht, der nur einen Teil eines komplizierten Problems behandelt.

https://huhnandiemacht.de/huhnfrissthuhn

Huhn eröffnet Restaurant

Achte darauf, ob die Nachrichtenseite bekannt und zuverlässig ist und ob der Artikel von einem richtigen Journalisten geschrieben wurde. Sieht diese Seite nach einer guten Informationsquelle aus?

Lass dich nicht veralbern

Manche Berichte sind als Witz gedacht und sollen die Leute zum Lachen bringen oder täuschen. Einige dieser Seiten sehen wie echte Nachrichtenseiten aus und sogar Journalisten sind schon auf solche Fake News hereingefallen. Nimm dich in Acht!

Huhn landet auf dem Mond

Schlagzeilen können in die Irre führen …

Nachrichtenartikel haben oft eine schockierende Überschrift, um mehr Zeitungen zu verkaufen oder um mehr Besucher auf eine Website zu locken. Beim Weiterlesen stellt man oft fest, dass die Schlagzeile frei erfunden ist oder dass man erst mehrere Seiten lesen muss, bevor sie im Artikel erwähnt wird.

… ebenso wie Bilder

Bilder können am Computer so verändert werden, dass sie etwas zeigen, das nie passiert ist. Besonders schwer sind Fälschungen im Internet zu erkennen, wenn die Bilder eine schlechte Qualität haben.

Am besten liest du mehrere Berichte aus verschiedenen Informationsquellen über ein Thema.

Man kann überprüfen, ob eine Behauptung wahr ist, indem man verlässliche Quellen, etwa Augenzeugen, befragt. YouTuber müssen das nicht tun – sie können alles behaupten! YouTube ist toll, aber vergiss nicht, dir deine eigene Meinung zu bilden.

Leute, dieses Huhn ist wirklich böse

♥ 69

Umweltschutz

Für die Zukunft unseres Planeten ist es entscheidend, dass wir die Umwelt schützen. Dieses Kapitel soll dir zeigen, wie du Tiere schützen, den Klimawandel verlangsamen und den Lebensraum auf der Erde für alle sichern kannst.

Wie du Umweltaktivist wirst

Wenn dir der Schutz unseres Planeten und die Umwelt am Herzen liegen und du dich als Aktivist dafür einsetzen möchtest, gibt es vieles, was du tun kannst.

Übernimm ein Ehrenamt

Sieh dich nach Projekten in deiner Gegend um. Vielleicht kannst du bei einer Baumpflanzaktion mitmachen?

Lebe ökologisch

Verändere dein tägliches Verhalten. Für den Anfang kannst du zum Beispiel das Wasser abstellen, während du deine Zähne putzt.

Tier-schutz

Tiere können nicht sprechen, deshalb müssen wir unsere Stimme für sie erheben. Wir können ihnen auch helfen, indem wir darauf achten, was wir kaufen.

Tierversuche

Kaufe nur Produkte, die nicht an Tieren getestet wurden. In vielen Ländern sind Tierversuche für Kosmetik verboten, aber nicht überall.

Respektiere die Tierwelt

Genieße die Natur, aber pass auf, dass du die dort lebenden Tiere nicht störst. Das gilt auch für die Orte, an denen du Urlaub machst.

Tiergarten

Auch mit wenig Platz kannst du einen Zufluchtsort für Wildtiere einrichten. Pflanze eine Mischung aus Blumen und Sträuchern, die Vögel, Schmetterlinge und Bienen anlocken.

Lebensräume schützen

Für Palmölplantagen werden die Regenwälder abgeholzt. Dadurch verlieren zum Beispiel Orang-Utans ihren Lebensraum. Versuche deshalb, Produkte ohne Palmöl zu kaufen.

Sei ein guter Tierhalter

Bevor du dir ein Haustier wünschst, solltest du herausfinden, was es braucht. Du musst sicher sein, dass du ihm ein schönes und gesundes Leben ermöglichen kannst.

Bioprodukte

Tiere in biologischer Haltung werden besser behandelt und bekommen besseres Futter. Kaufe also möglichst nur Bio-Eier, Bio-Milch und Bio-Fleisch.

Problem **Fleisch**

Für unsere Ernährung werden sehr viele Tiere gezüchtet. Das schadet der Umwelt und trägt zum Klimawandel bei. Man kann jedoch viel bewirken, wenn man Fleisch durch Gemüse ersetzt, egal ob man sich nur an bestimmten Tagen vegetarisch ernährt oder ganz auf Tierprodukte verzichtet.

Pups!
Kühe erzeugen **65%** der Treibhausgase aus der Landwirtschaft.

Rülps!
Die meisten Treibhausgase erzeugen Kühe durch Rülpsen. In 90 Sekunden gibt es weltweit über eine Milliarde Kuhrülpser!

Zu viele Kühe

Kühe versorgen uns mit Fleisch, Milch, Käse und Materialien wie Leder. Ihr Kot kann sogar als Dünger verwendet werden. Nach all diesen Dingen besteht eine so große Nachfrage, dass riesige Regenwaldflächen abgeholzt werden, um darauf Kühe zu züchten.

Hoher Verbrauch

Tiere für unsere Ernährung zu züchten, verbraucht viel mehr Energie und Wasser als der Anbau von Gemüse und Getreide. Die Fleischproduktion braucht sehr viel Platz, liefert aber nur 18 % der Energie in unserer Nahrung. Fleischlos zu essen, ist besser für die Umwelt.

17 % der Anbaufläche wird für Gemüse und Getreide genutzt.

83 % der Anbaufläche dient der Fleischproduktion.

Nüsse

Der Anbau von Nüssen erzeugt nur 1 % der Treibhausgase, die für dieselbe Menge Rindfleisch anfallen.

Zuchtfisch

Bei der Fischzucht entstehen 83% weniger Treibhausgase als bei der Rinderzucht.

Linsen

Linsen sind fast so umweltfreudlich wie Nüsse und ein eiweißreicher Fleischersatz.

Iss den Regenbogen

Wusstest du, dass verschiedenfarbiges Obst und Gemüse auch unterschiedliche Vitamine enthält? Iss deshalb so bunt wie möglich!

Vegan

Veganer essen nichts, was von Tieren kommt, zum Beispiel kein Fleisch, keine Milch und keine Eier.

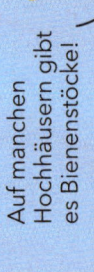

Auf manchen Hochhäusern gibt es Bienenstöcke!

Solaranlagen erzeugen Energie, ohne Schadstoffe freizusetzen.

Nistkästen und Futterhäuschen helfen Vögeln zu überleben. Dafür erfreuen sie uns mit ihrem Gesang.

Es ist bewiesen, dass schön gestaltete, begrünte Gebäude und Stadtteile die Menschen

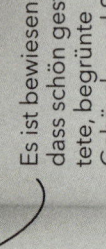
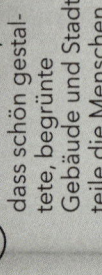

Begrüntes Dach
Ein mit Pflanzen bewachsenes Dach verbessert die Luft und bietet Tieren Zuflucht.

Grüner wohnen

Mehr als die Hälfte aller Menschen auf der Welt lebt heute in Städten, und es werden immer mehr. Du kannst mithelfen, deine Umgebung so umweltfreundlich und gesund wie möglich zu gestalten, egal ob du auf dem Land, in einer großen oder einer kleinen Stadt lebst.

Grüne Hülle

Gebäude, die mit Pflanzen bewachsen sind, verbrauchen weniger Energie, da sie im Sommer kühl und im Winter warm bleiben.

Blumen- und Kräuterkästen verschönern graue Straßen.

Bäume erzeugen Sauerstoff, filtern Schadstoffe, beherbergen Tiere und sehen schön aus.

Bei sauberer Luft ist es viel angenehmer, sich draußen zu bewegen.

UMWELT-ZONE

Ein Verbot für Fahrzeuge, die viele Schadstoffe ausstoßen, sorgt für sauberere Luft, und die ist gut für unsere Gesundheit.

Energiesparende Straßenbeleuchtung schaltet sich nur ein, wenn jemand vorbei kommt.

Besitzer von Haustieren unterhalten sich häufiger mit ihren Nachbarn. Das stärkt die Gemeinschaft in einem Stadtviertel.

Fortbewegung

Je mehr sichere Fahrradwege es gibt, desto mehr Menschen steigen auf dieses großartige Transportmittel um.

Klimawandel

Die Temperatur auf unserem schönen Planeten steigt gefährlich an. Daran sind vor allem wir Menschen Schuld. Was können wir dagegen tun?

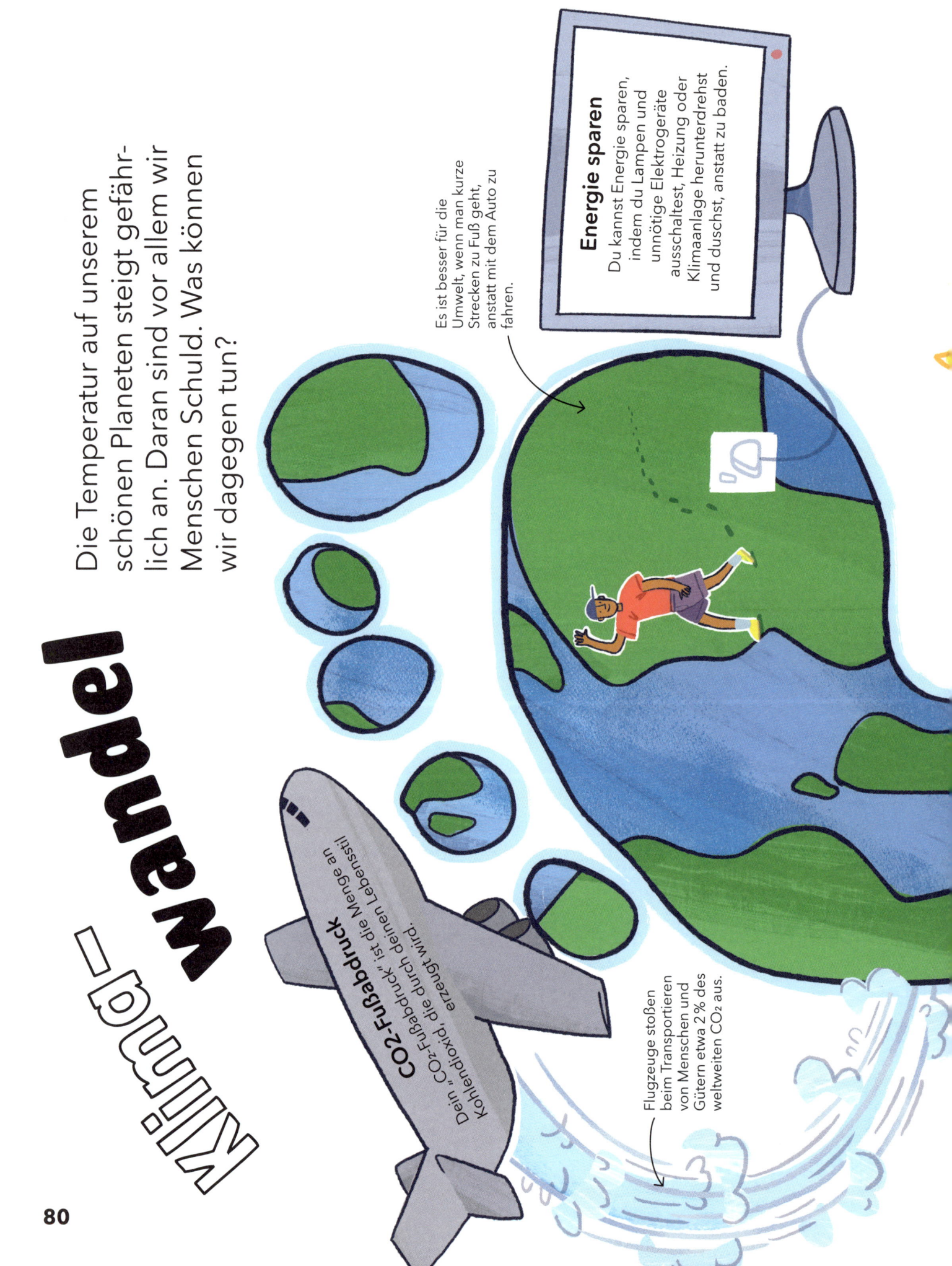

Energie sparen

Du kannst Energie sparen, indem du Lampen und unnötige Elektrogeräte ausschaltest, Heizung oder Klimaanlage herunterdrehst und duschst, anstatt zu baden.

Es ist besser für die Umwelt, wenn man kurze Strecken zu Fuß geht, anstatt mit dem Auto zu fahren.

CO2-Fußabdruck

Dein „CO2-Fußabdruck" ist die Menge an Kohlendioxid, die durch deinen Lebensstil erzeugt wird.

Flugzeuge stoßen beim Transportieren von Menschen und Gütern etwa 2 % des weltweiten CO₂ aus.

Was ist globale Erwärmung?

Durch fossile Brennstoffe gelangen Treibhausgase in die Atmosphäre. Diese Gase lassen die Wärme der Sonne nicht mehr entweichen. Je mehr Treibhausgas in der Atmosphäre ist, desto stärker steigt die Temperatur auf der Erde.

Selbstversorgung

Wenn du dafür sorgen willst, dass dein Gemüse nicht von weit herkommt, kannst du einen Teil davon selbst anbauen. Ein kleines Beet braucht nicht viel Platz.

Wiederverwenden und Recyceln

Ständig neue Dinge zu kaufen und die alten wegzuwerfen, ist eine große Belastung für die Umwelt. Wenn wir nicht ständig neue Sachen kaufen und wegzuwerfen für die Umwelt. Wenn wir das die Umwelt, spart das mehr so viele Sachen, spart das und wegwerfen, spart das und wegwerfen viel Energie.

Repariere zerrissene Kleidung, anstatt sie wegzuwerfen.

Nahrung, die in deiner Nähe angebaut wird, hat den geringsten CO_2-Fußabdruck.

Jedes Jahr feiern an diesem Tag Menschen auf der ganzen Welt die Schönheit und Kraft der Natur.

Tag der Erde
22. April

Erhaltet die Natur

„Je klarer wir unsere Aufmerksamkeit auf die Wunder und die Realitäten des uns umgebenden Universums richten können, desto weniger Zerstörungslust werden wir empfinden."

Feiert unseren Planeten

„Die Natur ist die größte Quelle menschlicher Begeisterung. Sie ist die Quelle von so vielem, was das Leben lebenswert macht."

Rachel Carson

Das 1962 erschienene Buch *Der stumme Frühling* der Meeresbiologin Carson zeigte die Gefahren chemischer Pestizide auf und führte zur Gründung der amerikanischen Umweltschutzbehörde.

Sir David Attenborough

Durch Fernsehsendungen wie *Der blaue Planet* hat Attenborough Millionen von Menschen dazu gebracht, mehr auf die Natur zu achten.

Umweltaktivisten erinnern uns daran, wie wichtig es ist, unseren Planeten zu schützen. Jeder Einzelne kann einen großen Beitrag leisten!

Die Erde schützen

Chico Mendez

Im Kampf gegen die Abholzung des brasilianischen Regenwalds führte der tapfere Gemeinde-Aktivist Chico Mendez eine Gruppe von Arbeitern auf einer Kautschukplantage an.

Wagt Veränderung

„Du kannst nicht die Umwelt schützen, ohne die Menschen zu beteiligen. Du [musst] ihnen helfen zu verstehen, dass diese Ressourcen ihnen gehören."

Vandana Shiva

Zum Schutz der Erde gründete die Wissenschaftlerin ein Programm zur Förderung ökologischer Landwirtschaft und des Anbaus verschiedener Feldfrüchte.

Wangari Maathai

Maathai gründete die Organisation Green Belt Movement, die kenianischen Frauen hilft, durch das Pflanzen von Bäumen ihr Leben zu verbessern. Sie haben schon über 51 Millionen davon gepflanzt!

Felix Finkbeiner

Mit 9 Jahren hielt Felix Finkbeiner ein Referat über den Klimawandel und gründete danach Plant-for-the-Planet. Heute engagieren sich weltweit Kinder und Jugendliche in der Organisation.

Prüfe vor dem Kauf, woraus die Dinge bestehen.

Wo liegt das Problem?

Die Meere sind voll mit unserem Plastikmüll. Plastik verseucht das Wasser und schadet Meerestieren, wenn sie es fressen.

Benutze Strohhalme aus Papier.

Das Plastik-Problem

Seit über 100 Jahren verwenden wir Plastik als Material für alles Mögliche, von Verpackungen bis hin zu Möbeln. Plastikmüll hält sich in der Natur sehr lange und ist deshalb ein großes Problem.

Gefahr aus der Waschmaschine

Mikroplastik – auch aus unserer Kleidung – verschmutzt die Gewässer und kann nicht abgebaut werden. Die 15-jährige Leonie Prillwitz entwickelte einen Filter für die Waschmaschine und gewann damit u.a. bei dem Wettbewerb Jugend forscht.

Wähle Produkte, die nicht in Plastik verpackt sind.

Was tun?

Unser tägliches Handeln kann viel bewirken. Versuche Produkte ohne Plastik zu kaufen und recycle so viel wie möglich. Dieses Problem können wir nur zusammen lösen.

Kaufe keine Tüten, Flaschen und Bestecke aus Plastik.

Erfolge im Tierschutz

Wir Menschen breiten uns auf der Erde immer weiter aus, wodurch für Wildtiere kaum noch Platz bleibt. Aktivisten versuchen aber, die Lebensräume der Tiere zu bewahren. Einige Tierarten, die schon fast ausgestorben waren, konnten so bereits gerettet werden.

Großer Panda
Strenge Maßnahmen gegen Wilderei (Jagd ohne Erlaubnis) und Schutzgebiete für Pandas retteten in China den Großen Panda vor dem Aussterben.

Löwenäffchen
Seit um 1980 mit dem Schutz der Goldenen Löwenäffchen begonnen wurde, ist ihre Zahl von nur noch 200 auf über 1000 angestiegen.

Rettet die Wale

Eine riesige öffentliche Kampagne führte 1986 dazu, dass der Walfang in den meisten Ländern **verboten** wurde.

Falke
Der Mauritiusfalke lebt nur auf der Insel Mauritius im Indischen Ozean. Der Bestand war extrem bedroht, doch die Art hat sich wieder erholt.

Mauritiussittich
Der Mauritiussittich lebt ebenfalls nur auf Mauritius. Es gab nur noch 10 bis 12 Vögel dieser Art, aber jetzt sind es wieder über 500.

Buckelwal
Buckelwale sind für ihre Gesänge bekannt. Sie wurden solange gejagt bis nur noch 10 000 Tiere übrig waren. Heute sind es wieder 80 000.

Was tun Menschen für den Tierschutz?

Wildhüter
Wildhüter in Naturschutzgebieten riskieren ihr Leben, um gefährdete Tierarten zu schützen. Etwa vor Wilderern, die Stoßzähne oder Hörner erbeuten wollen.

Schildkröte
Fast 2000 der seltenen Galapagos-Riesenschildkröten wurden gezüchtet und in die Wildnis entlassen.

Ureinwohner
Naturnahe Völker versuchen im Einklang mit der Natur zu leben und sind deshalb auf eine gesunde Umwelt angewiesen. Das Volk der Samen in Lappland lebt u.a. von der Rentierwirtschaft und lehnt deshalb den Bergbau ab, weil er wichtiges Weideland zerstört.

Wenn du die Welt verbessern möchtest, ist es vor allem wichtig, dass du nicht aufgibst. Hab keine Angst davor, Fehler zu machen. Deine Generation hat die Macht, Dinge zu verändern. Deine Stimme zählt, und du bestimmst, wie die Zukunft aussehen wird.

Erfahre mehr

Wo und wie kannst du dich an Aktionen beteiligen? Hier findest du Organisationen, Vereine, Websiten und Kampagnen zur Anregung.

Children for a better world

Diese Organisation setzt sich gegen Kinderarmut in Deutschland ein. Kinder können Mitglied in einem CHILDREN Kinderbeirat werden, in denen sie über die zukünftigen Projekte der Organisation entscheiden. **www.children.de**

Fridays for Future

Unter dem Motto „Schulstreik fürs Klima" setzt sich die Schülerbewegung, die von Greta Thunberg ins Leben gerufen wurde, für den Klimaschutz ein, indem sich die Schüler weltweit weigern, zur Schule zu gehen. **www.fridaysforfuture.de**

Jugend handelt fair

Viele Informationen rund um fairen Handel und kritischen Konsum. Daneben gibt es Ideen und Tipps, wie man mit einer Fairhandels-Aktion selbst aktiv werden kann. **www.jugendhandeltfair.de**

Greenpeace

Eine Organisation, die sich dafür einsetzt, die Welt grüner und friedlicher zu machen. Kinder ab 10 Jahren können ein Greenteam gründen und sich engagieren. **www.kids.greenpeace.de**

Jugendrotkreuz

Der Jugendverband des Deutschen Roten Kreuzes bietet viele Projekte und Aktion in ganz Deutschland und rund um die verschiedensten Themen wie Klimawandel, Geflüchtete oder Kinderarmut. **www.jugendrotkreuz.de**

Juuuport

Eine Website, die Hilfe und Beratung bei Cybermobbing bietet. Jugendliche können sich zu Scouts ausbilden lassen und helfen anderen. Mit verschiedenen Projekten und Aktionen wie WERTE LEBEN machen sie auf sich aufmerksam. **www.juuuport.de/beratung**

Kindernothilfe

Eine Organisation, die sich vor allem in Asien, Afrika und Lateinamerika für Kinderrechte einsetzt und z.B. gegen Kinderarbeit kämpft. Bei Action!Kidz – Kinder gegen Kinderarbeit können sich Kinder zu Teams zusammentun und mit ihrer eigenen Aktion Spenden für die Kindernothilfe sammeln. **www.robinson-im-netz.de**

Klicksafe

Eine Website, die den sicheren Umgang von Kindern und Jugendlichen mit dem Internet fördert. Klicksafe ist deutscher Partner im „Safer Internet"-Programm der Europäischen Union. **www.klicksafe.de/fuer-kinder**

Lokale Projekte: Die Würmranger

Man muss gar nicht weit reisen, um aktiv zu werden. Bestimmt gibt es auch in deinem Ort die Möglichkeit, sich für ein Projekt zu engagieren. Ein gutes Beispiel sind Die Würmranger in München: Die Würm ist ein Fluss im Westen Münchens. Kinder, Jugendliche und Erwachsene haben sich zusammengetan, um gemeinsam die Natur und die Tiere entlang der Würm zu schützen.
www.wuermranger.org
Die Würmranger und andere lokale Projekte in ganz Deutschland sind Roots & Shoots Projekte und werden vom Jane Goodall Institut Deutschland unterstützt. Dort findest du noch viele andere Umweltprojekte und erfährst, wie du deine eigene Roots & Shoots Gruppe gründen kannst.
www.janegoodall.de/roots-shoots/

Naturschutzbund (NABU) und Naturschutzjugend (NAJU)

Der Naturschutzbund und die Naturschutzjugend setzen sich für den Schutz der Umwelt und der Natur ein. In ganz Deutschland bieten sie Projektgruppen und Aktionen für Kinder, Jugendliche und Familien an. **www.nabu.de   www.naju.de**

Plant-for-the-Planet

Diese Organisation setzt sich für den Klimaschutz ein. Ziel ist es, auf der ganzen Welt 1000 Milliarden Bäume zu Pflanzen. In sogenannten Akademien können Kinder alles über den Klimawandel erfahren und selbst aktiv werden.
www.plant-for-the-planet.org

Primaklima

Eine Organisation, die sich für den Erhalt und die Aufforstung von Wäldern einsetzt. Du kannst auf der Website deinen CO2-Fußabdruck berechnen.
www.primaklima.org

Schule ohne Rassismus

Ein Projekt der Aktion Courage e.V. Ganze Schulen können sich beteiligen und Projekte und Aktionen starten, um eine Schule ohne Rassismus zu werden. **www.schule-ohne-rassismus.org**

UNICEF

Diese Organisation bietet Kindern auf der ganzen Welt Bildung, ärztliche Versorgung und den Schutz, den sie benötigen und verdienen. Kinder und Jugendliche können bei verschiedenen Aktionen deutschlandweit aktiv werden und Spenden sammeln.
www.unicef.de/mitmachen/youth

Welthungerhilfe

Eine Organisation, die den Hunger auf der Welt durch Entwicklungsarbeit bekämpft. Schulen können Projekte und Aktionen wie den LebensLauf veranstalten, um Spenden zu sammeln.
www.welthungerhilfe.de

World Wildlife Fund (WWF)

Der WWF setzt sich dafür ein, Tiere und deren Heimat vor Verschmutzung, Abholzung und Wilderei zu schützen. Für Kinder gibt es Kindermitgliedschaften und WWF-Ferienlager rund um Natur und Naturschutz.
www.wwf-junior.de

Glossar

Abholzen
Das Fällen von Bäumen und die Zerstörung von Wäldern.

Aktivismus
Seine Stimme erheben oder etwas tun, um Dinge zu verändern, die man für falsch hält.

Atmosphäre
Die Lufthülle, die unsere Erde umgibt.

Aussterben
Wenn die letzten Vertreter einer Tier- oder Pflanzenart sterben.

Diskriminieren
Eine Gruppe von Menschen wegen ihrer Eigenschaften oder ihres Glaubens benachteiligen oder schlecht behandeln.

Einwegplastik
Plastik, das nur einmal benutzt werden kann und dann weggeworfen wird.

Energiesparend
Etwas, das nur wenig Energie verbraucht.

Fossile Brennstoffe
Brennstoffe aus Tieren und Pflanzen, die vor Millionen von Jahren gestorben sind, zum Beispiel Kohle. Es gibt nur eine begrenzte Menge fossiler Brennstoffe und es schadet der Umwelt, sie zu verbrennen.

Gefährdet
Seltene Tiere oder Pflanzen, die bald aussterben könnten.

Gerechtigkeit
Wenn alle Menschen gleich behandelt werden.

Gleichberechtigung
Gleiche Rechte für alle Menschen.

Globale Erwärmung
Das Ansteigen der durchschnittlichen Temperatur auf der ganzen Welt.

Kampagne
Eine Reihe verschiedener Aktionen, um ein Ziel zu erreichen.

Klimawandel
Eine Veränderung der Temperatur und des Wetters auf der Erde. Die Ursachen können natürliche Vorgänge, aber auch menschliches Handeln sein.

Menschenrechte
Festgeschriebene Rechte, die alle Menschen haben.

Mobbing
Verhalten, dass eine andere Person körperlich oder seelisch verletzen soll. Es kann sich gegen Religion, Herkunft, Behinderung oder eine andere Eigenschaft einer Person richten.

Organisation
Eine Gruppe von Menschen, die für ein gemeinsames Ziel arbeiten.

Petition
Ein Schriftstück, dass viele Menschen unterschreiben können, um eine Behörde zum Handeln zu bewegen.

Protestieren
Zeigen, dass du etwas nicht richtig findest, indem du dich dagegen aussprichst oder dagegen ankämpfst.

Rassismus
Andere wegen ihrer anderen Herkunft schlecht behandeln.

Rechte
Freiheiten, die Menschen nach dem Gesetz haben, zum Beispiel das Recht seine Meinung zu sagen.

Recyceln
Etwas wiederverwenden oder etwas Neues daraus machen.

Schutzgebiet
Gebiet, in dem wilde Tiere vor Jägern geschützt sind.

Spenden
Etwas vom eigenen Besitz für einen guten Zweck abgeben, meistens Geld.

Stereotyp
Glaube, dass die Menschen einer Gruppe alle gleich sind. Zum Beispiel: „Alle Teenager sind faul."

Streik
Protest, bei dem Menschen sich weigern etwas zu tun, zum Beispiel zu arbeiten.

Tradition
Etwas, das schon lange immer auf dieselbe Art getan wird.

Treibhausgase
Gase in der Luft wie zum Beispiel Kohlendioxid (CO_2), die Hitze nicht entweichen lassen und dadurch den Planeten erwärmen.

Umwelt
Gebiet, in dem Pflanzen, Tiere und Menschen leben.

Umweltfreundlich
Etwas, das der Umwelt nicht schadet.

Umweltschutz
Der Schutz von Pflanzen, Tieren und der Natur.

Umweltverschmutzung
Verschmutzung von Luft, Wasser oder Erdboden sowie die Belastung mit Abfällen durch den Menschen.

Vorfahre
Eine Person, von der man abstammt.

Vorurteil
Eine meist schlechte, aber unbegründete Meinung von anderen Menschen.

Wohltätige Organisation
Ein Verein, der Geld sammelt oder dessen Mitglieder arbeiten, um Menschen damit zu helfen.

Register

Dank und Bildnachweis

Der Autor dankt First News und Nicky Cox MBE für ihre Unterstützung.
Der DK Verlag dankt Lizzie Davey und Abigail Luscombe für zusätzliche redaktionelle Hilfe, Jaileen Kaur für die Koordination der Bilder, Helen Peters für das Register sowie Tony Stevens von Disability Rights UK und Sherese Jackson für ihre Kommentare.

Quellen der Originalzitate:
S. 36–37 Greta Thunberg: „You are never too small to make a difference." Rede auf der COP24 im Dezember 2019. **S. 40–41** Millie Bobby Brown: „I will speak out for millions of children and young people …" Rede auf einer Pressekonferenz zur Ernennung als UNICEFs jüngster Botschafterin am Weltkindertag im November 2018. **S. 48–49** Rosa Parks: „I believe we are here on planet Earth to …" Life Magazine, „The Meaning of Life" Dezember 1988. **S. 72–73** Luisa Neubauer: „Wir sind niemals auf die Straße gegangen …" Klimaaktivistin, in Hamburg, Februar 2020.
S. 82–83 Rachel Carson: „The more clearly we can focus our attention on the wonders and realities …" Aus ihrem Buch *Silent Spring* (dt. *Der stumme Frühling*), 1962. Sir David Attenborough: „The natural world is the greatest source of excitement …" von der Website der BBC. Wangari Maathai: „You cannot protect the environment unless you empower people …" von ihrer Website „The Green Belt movement".

Der Verlag dankt folgenden Personen und Institutionen für die Genehmigung zum Abdruck ihrer Bilder:
(Abkürzungen: o = oben, u = unten, m = Mitte, l = links, r = rechts, g = ganz, Hg = Hg)

6-7 **naturepl.com:** Guy Edwardes (Hg). 8-9 **Depositphotos Inc:** Artkamalov (Hg). 12 **Dreamstime.com:** Katarzyna Bialasiewicz (m). 13 **Dorling Kindersley:** Pedal Pedlar (mo). 14-15 **Dreamstime.com:** Tommason. 15 **Dorling Kindersley:** The Real Aeroplane Company (gor). 22 **Dorling Kindersley:** Steve Lyne (ur). **Fotolia:** Eric Isselee (ul). 23 **Alamy Stock Photo:** FogStock (gor). **Dorling Kindersley:** ha London (gol). **Rex by Shutterstock:** Todd Williamson / January Images / Shutterstock (mlu). 24-25 **123RF.com:** Vassiliy Prikhodko (Hg). 26-27 **Depositphotos Inc:** Artkamalov (Hg). 28 **Dreamstime.com:** Monkey Business Images (mu); Pressmaster (mlu). 29 **Alamy Stock Photo:** BSIP SA (m). 34 **123RF.com:** Dmitrii Starkov (ul). 36 **Alamy Stock Photo:** JG Photography (mo); MediaPunch Inc (mlu). **Getty Images:** Joe Raedle / Staff (gor). 37 **Alamy Stock Photo:** Daniel Bockwoldt / DPA (mo). **Getty Images:** NurPhoto (mru). 38 **Alamy Stock Photo:** ZUMA Press Inc. (mu). **Dreamstime.com:** Deyangeorgiev (mlo); Anthony Aneese Totah Jr (ur); Igor Zakharevich (mu, ul). 39 **Alamy Stock Photo:** Jeffrey Isaac Greenberg 3 (m); Paramvir Singh (Hg). 40 **Getty Images:** John van Hasselt - Corbis (ur); Fairfax Media (ul). 41 **Getty Images:** Emma McIntyre / KCA2018 (ul); The Washington Post (mr). **Rex by Shutterstock:** Ken McKay / ITV / Shutterstock (ur). 45 **Alamy Stock Photo:** RGB Ventures / SuperStock (ur). **Getty Images:** Georges De Keerle (mr); Francis Miller / The LIFE Picture Collection (mru). 46-47 **Depositphotos Inc:** Artkamalov (Hg). 53 **Dreamstime.com:** Betelgejze (go); Marish (u). 55 **Dreamstime.com:** Elnur (m); Wavebreakmedia Ltd. (ul). 56-57 **Dreamstime.com:** Mishoo (Hg). 58 **Alamy Stock Photo:** ZUMA Press, Inc. (mo). **Getty Images:** Joe Raedle (mlo); Randy Shropshire / WireImage (gor). 59 **Alamy Stock Photo:** Archive PL (mo). **Getty Images:** Lynn Goldsmith / Corbis Premium Historical (mru); Hulton Archive / Archive Photos (ml); Marina Bay Sands (mro). 61 **Alamy Stock Photo:** WENN Rights Ltd (mro). **Dreamstime.com:** Scol22 (gor, ur/Rahmen). **Schule ohne Rassismus - Schule mit Courage:** Lena Landscheidt (ur). 64 **Getty Images:** Bettmann (ul); Rühe / ullstein bild (mu).

65 **akg images:** ur. **Alamy Stock Photo:** The History Collection (mro). **Getty Images:** Steve Schapiro (ul); San Jose Mercury News (mr). 66-67 **Getty Images:** Saeed Khan / AFP (go). 68 **Dreamstime.com:** Alexlmx (gor); Paul Hakimata / Phakimata (mu); Vladimirs Prusakovs (mu/Huhn). **Fotolia:** Anatoliy Babiy / bloomua (u). 69 **Dreamstime.com:** Axstokes (ur); Vladimirs Prusakovs (m/H., ur/Huhn); Natthawut Nungensanthia (mlu/Huhn). **NASA:** (mlu); NASA / JPL-Caltech / Space Science Institute (m). 70-71 **Depositphotos Inc:** Artkamalov (Hg). 72-73 **NASA:** MSFC / Bill Cooke (Hg); Ocean Biology Processing Group at NASA's Goddard Space Flight Center (mu). 74 **123RF.com:** peterwaters (mlu/Biene). **Dreamstime.com:** Alle (mlu); Nilanjan Bhattacharya (ur). **Getty Images:** Stockbyte / John Foxx (mlo). 75 **123RF.com:** Sergey Mironov / supernam (ur). **Dreamstime.com:** Eric Isselee (mlo); Theo Malings (mro); Photka (mu). 76 **Alamy Stock Photo:** Jon Ongkiehong (m). 77 **Alamy Stock Photo:** Jon Ongkiehong (m). **Dorling Kindersley:** Geoff Dann / Cotswold Farm Park, Gloucestershire (go/Kuh und Kalb). **Dreamstime.com:** Mike_kiev (go/Kuh); Supertrooper (go). 78 **Dorling Kindersley:** Natural History Museum, London (mo/Box). **Dreamstime.com:** EmeraldUmbrellaStudio (mo); Mikael Damkier / Mikdam (mlo). 78-79 **Alamy Stock Photo:** Kim Petersen (go). 82 **Alamy Stock Photo:** Jeff Gilbert (ur). **Getty Images:** CBS (ul). 83 **Getty Images:** AFP Contributor (ul); Antonio Scorza (mro); Amanda Edwards (mru). 84 **123RF.com:** Tatiana Popova / Violine (mu/Auto; Aleksey Poprugin (mru, mu). 85 **123RF.com:** Aleksey Poprugin (mlu, mu). **© Antje Prillwitz** (gor). **Dreamstime.com:** Indigolotos (mu/Flasche); Alfio Scisetti / Scisettialfio (mru); Penchan Pumila / Gamjai (ml, ul). 86-87 **Dreamstime.com:** Paul Wolf / Paulwolf (m). 86 **Dorling Kindersley:** Andrew Beckett (Illustration Ltd) (ur). **Fotolia:** Eric Isselee (mru). 87 **123RF.com:** Smileus (mlu). **Alamy Stock Photo:** Nature Picture Library (gor); Xinhua (mru). **Dreamstime.com:** Erix2005 (mu). **naturepl.com:** Mark Carwardine (mro). 88-89 **naturepl.com:** Wild Wonders of Europe / Bartocha (Hg). 89 **Dorling Kindersley:** Radfahrer (mu). 92-93 **Depositphotos Inc:** Artkamalov (Hg). 94-95 **Depositphotos Inc:** Artkamalov (Hg). 96 **Depositphotos Inc:** Artkamalov (Hg).

Alle anderen Abbildungen © Dorling Kindersley
Weitere Informationen unter www.dkimages.com